Inhalt

Branchenreport AUTOMOBIL Ausgabe 2/2011

Kernthesen

Beitrag

Zahlen und Fakten

Weiterführende Literatur

Impressum

GENIOS BranchenWissen Nr. 11 vom 25.11.2011

Branchenreport AUTOMOBIL Ausgabe 2/2011

Thomas Trares

Kernthesen

- Die deutsche Automobilkonjunktur profitiert derzeit noch vom Export.
- Allerdings schwächt sich auf allen Märkten das Wachstum ab.
- Dies bekommen nicht nur die Hersteller, sondern auch die Zulieferer und Lkw-Bauer zu spüren.
- Auf internationalem Terrain holt der südkoreanische Hersteller Hyundai rasant auf.
- Das Auto büßt gerade bei jungen Menschen seine Stellung als Statussymbol ein.

Beitrag

Die Branchenkonjunktur

Die deutsche Autokonjunktur normalisiert sich wieder. Die Neuzulassungen werden dieses Jahr voraussichtlich die Marke von 3,1 Millionen erreichen. Das entspricht dem Niveau von 2008. Die Jahre 2009 und 2010 standen dagegen im Zeichen der Wirtschaftskrise. Hatte 2009 die Abwrackprämie den Absatz auf 3,8 Millionen hochgetrieben, so sackte dieser 2010 auf 2,9 Millionen ab. In den ersten neun Monaten 2011 stieg die Zahl der Neuzulassungen wieder um elf Prozent auf über 2,4 Millionen. Allerdings lässt das Wachstum nach. Dies zeigt sich daran, dass für die jüngsten Zuwächse "taktische Zulassungen verantwortlich waren. Dies sind Neuanmeldungen auf Hersteller und Händler, die wenig später mit hohen Rabatten in den Markt gedrückt werden. Solche Praktiken sind Zeichen einer Marktschwäche. Profitieren kann die deutsche Automobilindustrie aber nach wie vor vom Export; mehr als drei von vier im Inland produzierten Pkw gehen ins Ausland. (1), (2), [Abb. 1]

Die Automobilhersteller in

Deutschland

Die wichtigsten in Deutschland produzierenden Automobilunternehmen sind Volkswagen (VW), Audi, Daimler, BMW, Ford, Porsche und Opel. Marktführer in Deutschland und Europa ist VW. Bis 2018 wollen die Wolfsburger größte Autobauer der Welt werden. Derzeit befindet sich der Konzern auf Kurs. Dank weltweit steigender Verkäufe stieg in den ersten neun Monaten 2011 der operative Gewinn um 86 Prozent auf fast neun Milliarden Euro. Damit hat VW bereits mehr verdient als im gesamten Jahr 2010. Der Umsatz der neun Konzernmarken verbesserte sich um ein Viertel auf 116,3 Milliarden Euro. Der Absatz nahm um 14 Prozent auf sechs Millionen Autos zu. Ungebrochen boomt das Geschäft in China. (3)

Im Premium-Segment ist VW mit den Marken Audi und Porsche vertreten. Vor allem Audi befindet sich auf Rekordfahrt. In den ersten neun Monaten 2011 verdoppelten die Ingolstädter nahezu das operative Ergebnis auf vier Milliarden Euro. Der Umsatz kletterte um 24,6 Prozent auf 32,4 Milliarden Euro, der Absatz um 17,4 Prozent auf 973 000 Fahrzeuge. Im Gesamtjahr will Audi 1,2 Millionen Fahrzeuge verkaufen. Porsche hat seine für 2011 gesteckte Marke von mehr als 100 000 verkauften Sport- und Geländewagen schon im Oktober geknackt. Allerdings hat sich das Wachstum zuletzt spürbar verlangsamt. (3)

Auch die restlichen Premium-Hersteller BMW und Daimler profitieren von der weltweit hohen Nachfrage nach großen und teuren Autos. BMW glänzte gerade mit erstklassigen Quartalszahlen und verdiente in den ersten neun Monaten 2011 schon mehr als im gesamten Jahr 2010. Der Konzernumsatz stieg in den ersten neun Monaten um 15,4 Prozent auf 50,5 Milliarden Euro. Ziel des Münchner Autobauers ist es, 2011 weltweit mehr als 1,6 Millionen Autos zu verkaufen. In den ersten neun Monaten waren es 1,2 Millionen. Dennoch blickt die Konzernführung wegen des eingetrübten Umfelds mit gemischten Gefühlen auf die kommenden Monate. (4), (22)

Bei Daimler lag der Umsatz in den ersten neun Monaten 2011 mit 77,5 Milliarden Euro innerhalb der Erwartungen, beim Gewinn blieb man jedoch dahinter zurück. In punkto Rendite schnitt Daimler zuletzt schlechter ab als die Konkurrenten Audi und BMW. Dennoch erwartet die Konzernspitze ein Rekordjahr. Demnach soll der Gewinn vor Zinsen und Steuern deutlich über dem Niveau von 2010 liegen, als 7,3 Milliarden Euro verdient wurden. Der Umsatz soll auf mehr als 100 Milliarden Euro steigen. Die Zielmarke für den Absatz von Mercedes-Benz Cars liegt bei 1,35 Millionen Fahrzeugen. (18)

Bei dem Massenhersteller Opel war die Zukunft

wegen der vorübergehenden Insolvenz der Mutter General Motors (GM) lange ungewiss. Zunächst sollten die Rüsselsheimer verkauft werden, letztlich blieben sie aber unter dem Dach von GM, wo Opel zusammen mit der britischen Vauxhall für das Europageschäft der Amerikaner steht. Im zweiten Quartal 2011 war man erstmals seit Jahren wieder in die Gewinnzone zurückgekehrt, im dritten Quartal gab es im Europageschäft aber wieder ein operatives Minus von 214 Millionen Euro. (19)

Die Nutzfahrzeughersteller

Das Nutzfahrzeuggeschäft ist besonders konjunkturanfällig, deswegen haben die Lkw-Hersteller in der Wirtschafts- und Finanzkrise besonders gelitten. Zwischenzeitlich hat sich der Markt wieder erholt, allerdings zeigt er nun wieder erste Zeichen der Schwäche. So kündigte der schwedische Hersteller Scania an, ab November die Produktion für den europäischen Markt zu drosseln. MAN gibt sich eher abwartend, nur der größte deutsche Hersteller Daimler Trucks kann noch keine rückläufige Nachfrage erkennen. Bis ins erste Quartal 2012 ist die Produktion bei den Stuttgartern ausgelastet. In den ersten acht Monaten 2011 setzte Daimler Trucks knapp 260 000 Fahrzeuge ab, eine Steigerung gegenüber dem Vorjahr von 18 Prozent.

Bis 2013 will der Konzern den weltweiten Lastwagenabsatz auf mehr als 500 000 Stück steigern. Im Fokus seiner Wachstumsstrategie stehen die Schwellenländer. (6), (7), [Abb. 2]

Zweitgrößter deutscher Lastwagenbauer ist MAN, die Münchner verdienen ihr Geld aber auch mit dem Bau von Dieselmotoren. Volkswagen plant schon länger, MAN zu übernehmen, um mit der Tochter Scania einen schlagkräftigen Nutzfahrzeug-Konzern zu schmieden. Nun ist VW fast am Ziel, nachdem die Kartellbehörden der Übernahme von MAN zugestimmt haben. Derweil hält MAN an dem Ziel fest, 2011 den Umsatz um zehn bis 15 Prozent auf mehr als 16 Milliarden Euro zu erhöhen. Die Umsatzrendite soll bei etwas mehr als 8,5 Prozent liegen, im Vorjahr waren es 7,1 Prozent. (5)

Die Automobilzulieferer

Die Aussichten für die Zulieferer, die sich rasch von der Krise im Jahr 2009 erholten, sind zwar weiter positiv, aber etwas gedämpft. Robert Bosch hatte im vergangenen Jahr kurzzeitig den Status als größter Zulieferer der Welt eingebüßt - der japanische Denso-Konzern war vorbeigezogen -, inzwischen sind die Stuttgarter aber wieder die weltweite Nummer eins. In diesem Jahr peilt das Unternehmen mit mehr als 50 Milliarden Euro den höchsten Umsatz seiner 125-

jährigen Geschichte an. In der wichtigsten Sparte Kraftfahrzeugtechnik will Bosch erstmals die Schwelle von 30 Milliarden Euro überspringen, im Jahr zuvor waren es 28,1 Milliarden Euro. (8), (9)

Auch beim zweitgrößten Zulieferer Conti ist es zuletzt wieder besser gelaufen. Für 2011 erwartet das Unternehmen einen Umsatz von rund 30 Milliarden Euro. Die bereinigte operative Gewinnmarge soll bei rund zehn Prozent liegen. Für das kommende Jahr gab Conti einen vorsichtigen Ausblick. In den ersten neun Monaten 2011 steigerten die Hannoveraner den Umsatz um 18 Prozent auf 23 Milliarden Euro, der Gewinn vor Zinsen und Steuern legte um 39 Prozent auf 1,9 Milliarden Euro zu. Der mittelständische Zulieferer Schäffler hatte Conti Anfang 2009 übernommen und sich dabei fast verhoben. Conti saß deswegen auf einem Schuldenberg von etwa elf Milliarden Euro, inzwischen wurde dieser auf unter sieben Milliarden Euro abgetragen. (10)

Die internationale Automobilindustrie

Nachdem der Automobilabsatz im Krisenjahr 2009 weltweit auf 57 Millionen Autos eingebrochen war, erholt sich die Automobilkonjunktur wieder. 2010 lag der Absatz bei fast 62 Millionen Autos. Im laufenden

Jahr dürften es knapp 66 Millionen sein. Vor allem die Schwellenländer holen rasant auf. Im vergangenen Jahr hat Brasilien Deutschland als viertgrößten Autoabsatzmarkt der Welt abgelöst. Auf den ersten drei Plätzen liegen Amerika, China und Japan. Allerdings ist in Japan der Automarkt infolge des Erdbebens und der Atomkatastrophe von Fukushima stark eingebrochen. Den stärksten Zuwachs von 47,8 Prozent verzeichnete Russland in den ersten acht Monaten 2011. Bei den Verkäufen beziehungsweise Neuzulassungen von Pkw liegt Russland damit nur noch knapp hinter Indien. Schwach entwickelt sich die Automobilkonjunktur zurzeit in Westeuropa, während in Mittel- und Osteuropa eine überwiegend freundliche Tendenz herrscht. Die Märkte in Nord- und Südamerika und in der Region Asien-Pazifik, wo China die treibende Kraft ist, weisen mit Ausnahme von Japan ebenfalls steigende Verkaufszahlen aus. Allerdings schwächt sich derzeit auf nahezu allen wichtigen Märkten das Wachstum ab. 2012 dürfte der Weltmarkt stagnieren. (12), (14), (15), (24)

Ein Kopf-an-Kopf-Rennen um den Status des größten Autobauers der Welt lieferten sich in den vergangenen Jahren Toyota und GM. Bis 2018 will aber der VW-Konzern zur Nummer eins aufschwingen und dabei mindestens zehn Millionen Fahrzeuge pro Jahr verkaufen. In diesem Jahr werden es fast 8,3 Millionen Autos sein. Das sind rund 800 000 mehr als bei Toyota, die das Erdbeben in Japan zurückgeworfen hat, und eine halbe Million weniger als bei der Nummer eins General Motors. Dem Trio dicht auf den Fersen ist Hyundai. Die Südkoreaner können derzeit die größten Zuwachsraten verbuchen. Dem Konzern ist es innerhalb weniger Jahre gelungen, Design und Qualität auf ein mit VW vergleichbares Niveau zu heben. Die steigende Bedeutung der Schwellenländer auf dem globalen Automarkt unterstreicht auch die Tatsache, dass mit Volvo und Saab zwei schwedische Hersteller in chinesische Hände übergehen. Investoren aus dem Reich der Mitte hatten Saab in letzter Minute vor der Pleite gerettet. (11), (12), [Abb. 3]

Trends

Wertewandel beim Konsumenten

In den Industrieländern sehen immer mehr Menschen das Automobil nur noch als reines Transportmittel an. Insbesondere bei jungen Großstädtern verliert es als Statussymbol an Bedeutung. Die Automobilwirtschaft muss auf diesen Wertewandel reagieren. Oft heißt es, sie müsse sich von einem "Automobilbauer zum Mobilitätsdienstleister" werden. Eine Reaktion darauf sind die Carsharing-Angebote, die immer mehr

Hersteller aus dem Boden stampfen. Pioniere auf dem Gebiet sind Peugeot und Citroën mit den Initiativen "Mu by Peugeot" und "Citroën Multicity". Aber auch Volkswagen, BMW und Daimler sind in den Markt eingestiegen. (16), (17)

Der Automobilverkehr vernetzt sich

Das Automobil wird künftig immer mehr zu einem Hightech-Produkt. Nach Angaben der Automobilindustrie wird der Wertanteil der Informationstechnik am Auto bis 2020 von derzeit 20 auf dann 40 Prozent steigen. Zudem werden die Internetanbindung im Auto und verfügbare Online-Inhalte maßgebliche Faktoren bei der Kaufentscheidung eines Neuwagens sein. Derzeit arbeiten die Hersteller daran, die Fahrzeuge untereinander und mit Notruf- und Verkehrsleitzentralen zu vernetzen. Dies soll etwa Staus und Unfälle vermeiden und die Parkplatzsuche erleichtern. Der bisher größte deutschen Feldversuch startete 2011 durch das Forschungsprojekt simTD (Sichere Intelligente Mobilität Testfeld Deutschland), bei dem AUDI, Daimler, BMW, Opel, Ford und Volkswagen mit den Zulieferern Continental und Bosch, der Deutschen Telekom und verschiedene Universitäten und Forschungsinstituten mitwirkten.

Im Raum Frankfurt waren zeitweise bis zu 400 Testfahrzeuge unterwegs und testeten den drahtlosen Informationsaustausch zwischen den Fahrzeugen untereinander sowie zwischen den Fahrzeugen und der Verkehrsinfrastruktur (Car-to-X-Kommunikation). Dieses Projekt wurde von verschiedenen Bundesministerien sowie vom Land Hessen gefördert und unterstützt. Ab dem Frühjahr 2012 führt nun ein Konsortium unter Führung des Daimler-Konzerns im Rhein-Main-Gebiet einen erneuten Feldversuch mit 120 Autos durch. Das Kompetenz- und Technologie-Profil der Automobilbranche wird sich durch Vernetzung und Car-to-X in den nächsten Jahren noch stark verändern. (13), (23)

Zahlen & Fakten

Abbildung 1: Deutscher Automarkt Januar bis September 2011

Pkw/Kombi	**Anzahl**	**Veränderung in Prozent**
Produktion	4.409.700	7
Export	3.384.800	8

Neuzulassungen	2.401.736	11
davon deutsche Marken	1.694.800	12
davon ausländische Marken	707.100	8

Quelle: Verband der Automobilindustrie (VDA), Kraftfahrt-Bundesamt (KBA) Entnommen aus: Börsen-Zeitung, 06.10.2011, Nummer 192, Seite 9 (1)

Abbildung 2: Die Entwicklung der Lkw-Neuzulassungen in Deutschland 1992-2010

Quelle: Kraftfahrt-Bundesamt (KBA) Entnommen aus: Fakt - Markt- und Branchenstatistiken (20)

Abbildung 3: Die größten internationalen Kfz-Hersteller

Absatz in Millionen	2011*	2010
GM	8,85	8,39
Volkswagen	8,25	7,21
Toyota	7,5	8,32
Hyundai	6,3	5,7
Ford	5,7	5,31
Nissan	3,9	4,19
PSA Peugeot-Citroen	3,6	3,6
Chrysler	3,6	3,61
Honda	3	3,51
Renault	2,6	2,63

* Prognose Quelle: Center of Automotive Management Entnommen aus: Fakt - Markt- und Branchenstatistiken (21)

Weiterführende Literatur

(1) Autoindustrie kann auf den Export setzen Im September ein Ausfuhranstieg von 6 Prozent - Pkw-Produktion an der Kapazitätsgrenze - Neuzulassungen legen weiter zu
aus Börsen-Zeitung, 06.10.2011, Nummer 192, Seite 9

(2) Deutsche sorgen für Wachstum auf Europas Automarkt
aus Handelsblatt online vom 18.10.2011

(3) VW demonstriert Stärke - Der weltweite Automarkt boomt und Europas größter Hersteller Volkswagen kommt auf seinem Weg zur Weltspitze mit großen Schritten voran. Die Gewinne sprudeln, die Kasse ist gut gefüllt.
aus AUTOHAUS Online vom 27.10.2011

(4) BMW glänzt erneut mit Bestwerten - Trotz wachsender Sorgen um die Weltwirtschaft bleiben die Münchner Rekordjäger auch für die kommenden Monate zuversichtlich. Doch Vorsicht bleibt für sie eine wichtige Tugend.
aus AUTOHAUS Online vom 03.11.2011

(5) Volkswagen kann Mehrheit an MAN übernehmen - VW ist bei der Übernahme des Lastwagenbauers MAN am Ziel. Als letzte Kartellbehörde gab die in China grünes Licht. Damit wird der Münchner Traditionskonzern eine Volkswagen-Tochter.
aus AUTOHAUS Online vom 03.11.2011

(6) Lkw-Konzerne drosseln Produktion Scania erwartet Abschwächung in Europa - MAN will flexibel reagieren - Daimler bekräftigt Ausblick
aus Börsen-Zeitung, 11.10.2011, Nummer 195, Seite 9

(7) Daimler Trucks sieht weiter gute Wachstumschancen - Laut Nutzfahrzeugchef

Andreas Renschler ist das Lkw-Geschäft von den Turbulenzen an den Finanzmärkten nicht betroffen. Bis 2013 will die Sparte den Absatz auf mehr als 500.000 Stück steigern.
aus AUTOHAUS Online vom 19.09.2011

(8) Autozulieferern drohen härtere Zeiten Studie zur IAA - Noch boomt die Autobranche. Doch mit den ersten Anzeichen einer schwächeren Weltwirtschaft beginnt auch das Sparen in den Konzernen. Die Lieferanten könnten die Abkühlung laut einer Studie rasch zu spüren bekommen.
aus FINANCIAL TIMES Deutschland

(9) Autozulieferer rechnen mit Abkühlung
aus Heilbronner Stimme vom 14.09.2011, S. 11

(10) Continental erwartet 2012 Stagnation der Autoindustrie
aus Frankfurter Allgemeine Zeitung, 04.11.2011, Nr. 257, S. 17

(11) Saab wird chinesisch Autoindustrie Die akute Pleite-Gefahr ist vorerst abgewendet. Nach Volvo soll auch Saab in chinesische Hände übergehen. Doch hinter dem Verkauf nach China stehen große Fragezeichen.
aus Coburger Tageblatt vom 29.10.2011, S. 31

(12) AUTOBRANCHE Das Ende der Party
aus Berliner Zeitung, Ausgabe 252 vom 28.10.2011, S. 9

(13) Die Autoindustrie vernetzt ihre Fahrzeuge
aus FAZ.NET, 11.10.2011

(14) Licht und Schatten in der Automobilindustrie
aus Finanz und Wirtschaft vom 29.10.2011, Seite 28

(15) Autoindustrie zwischen Hoffen und Bangen
aus Automobil-Produktion, 2011, Sonderausgabe OEM, S. 6-9

(16) Mobilitätswandel setzt Autoindustrie unter Druck - Immer mehr Menschen sehen das Automobil als reines Transportmittel an. Laut einer Studie ist es für die Hersteller höchste Zeit, mit umfassenden Konzepten darauf zu reagieren.
aus AUTOHAUS Online vom 21.09.2011

(17) Volkswagen für alle: Carsharing-Projekt "Quicar" startet in Hannover
aus horizont.net vom 02.11.2011

(18) Daimler fällt beim Gewinn zurück
aus Stuttgarter Zeitung, 28.10.2011, S. 11

(19) Rückschlag für Opel: Wieder Verlust Opel-Betriebsrat warnt GM vor Personalabbau
aus Saarbrücker Zeitung vom 11.11.2011

(20) D: Lkw-Neuzulassungen, Kfz-Bestand und Pkw-Ausstattung
aus Deutsches Kraftfahrzeuggewerbe, Zahlen und Fakten 2010, Ausgabe 2011, S. 24

(21) International: Top 10 Pkw-Hersteller 2010-2011
aus Handelsblatt, 14.09.2011, S. 20

(22) BMW glänzt mit erstklassigen Quartalszahlen
aus Handelsblatt, 14.09.2011, S. 20

(23) Car-to-X - das Auto lernt sprechen
aus GENIOS BranchenWissen Nr. 08 vom 01.08.2011

(24) Deutschland produziert und exportiert
Rekordanzahl von Pkw
aus de.init.bfai.fachdb.model.Mkt

Impressum

Branchenreport AUTOMOBIL Ausgabe 2/2011

Bibliografische Information der deutschen Nationalbibliothek

Die Deutsche Nationalbibliothek verzeichnet diese Publikation in der deutschen Nationalbibliografie; detaillierte bibliografische Daten sind im Internet über http://dnb.d-nb.de abrufbar.

ISBN: 978-3-7379-1848-0

oder ähnliche Einrichtungen und die Einspeicherung und Verarbeitung in elektronischen Systemen.